헌법
따라 쓰기

초판 인쇄	2025년 05월 10일
초판 발행	2025년 05월 15일
엮은이	승지홍
펴낸이	이재현
펴낸곳	리틀씨앤톡
출판등록	제 2022-000106호(2022년 9월 23일)
주소	경기도 파주시 문발로 405 제2출판단지 활자마을
전화	02-338-0092
팩스	02-338-0097
홈페이지	www.seentalk.co.kr
E-mail	seentalk@naver.com
ISBN	979-11-94382-17-1 74300
	979-11-94382-15-7 (세트)

ⓒ 2025, 승지홍

• 저작권법에 의하여 한국 내에서 보호를 받는 저작물이므로 무단전재 및 복제를 금합니다.
• KC마크는 이 제품이 공통안전기준에 적합하였음을 의미합니다.

모델명	헌법 따라 쓰기	제조년월	2025. 05. 15.	제조자명	리틀씨앤톡	제조국명	대한민국
주소	경기도 파주시 문발로 405 제2출판단지 활자마을		전화번호	02-338-0092	사용연령	7세 이상	

 은 씨앤톡의 어린이 브랜드입니다.

헌법 따라 쓰기

대한민국 헌법

승지홍 엮음

머리말

헌법을 왜 따라 써 봐야 할까요?

여러분은 헌법이 무엇인지 알고 있나요? 헌법이란 국가의 조직과 운영 방식, 그리고 국민의 기본권과 의무를 정해 놓은 가장 중요한 법이에요. 나라를 어떻게 운영할 것인지, 국민에게는 어떤 권리와 의무가 있는지를 정해 놓은 법이 바로 헌법이죠.

우리나라 헌법은 머리말 역할을 하는 전문(前文)과 본문 10장 130개 조항, 그리고 부칙 6개 조항으로 구성되어 있어요. 분량은 생각보다 길지 않아서, 단순히 눈으로 읽는 것에만 그친다면 한 시간 정도면 충분합니다.

헌법이 제정되면서 대한민국은 민주공화국임을 선포했고, 대통령이 생겼으며, 국민을 최우선으로 삼는 나라임을 명확히 했어요. 그래서 대한민국 시민이라면 한 번쯤 헌법을 읽어 보는 것이 좋아요. 헌법 제1조부터 차근차근 읽다 보면 우리나라가 어떤 원칙으로 운영되는지, 어떤 가치들을 중요하게 여기는지 배울 수 있어요. 헌법은 단순한 법이 아니라, 대한민국이라는 공동체의 기본을 이루는 중요한 약속이기도 하거든요.

　헌법을 공부하려면 어려운 책을 봐야 한다고 생각할 수도 있지만, 그렇지 않아요. 그 내용을 한 번 읽어 보고, 직접 써 보는 것만으로도 충분히 의미를 이해할 수 있어요.

　헌법을 읽는 것도 중요하지만, 한 문장 한 문장을 써 보면서 그 뜻을 깊이 새겨 볼 수 있지요. 대한민국이 어떤 나라이고, 국민으로서 어떤 권리를 누릴 수 있는지, 또 우리가 함께 살아가기 위해 지켜야 할 약속은 무엇인지 자연스럽게 깨닫게 되죠. 또한, 헌법을 따라 쓰다 보면 대한민국의 법과 원칙이 어떻게 구성되어 있는지를 몸으로 느낄 수 있어요. 단순히 법 조항을 살펴보는 것이 아니라, 헌법이 국민을 보호하고 있다는 사실을 직접 경험하게 됩니다. 우리가 당연하게 누리는 자유, 평등, 행복할 권리 등이 모두 헌법에서 비롯된다는 점도 알게 될 거예요.

이 책은 헌법을 차례대로 따라 쓸 수 있도록 구성했어요. 전문, 1장부터 10장, 그리고 부칙까지 각각의 해설을 함께 담았습니다. 쓰다 보면 어려운 단어가 나올 수도 있어요. 하지만 그 의미는 단순한 국어사전의 뜻만으로는 충분히 설명하기 어렵고, 복잡한 법적 해석을 해야 하는 부분도 있어서 따로 뜻풀이를 넣지는 않았어요.

하지만 걱정하지 마세요. 낯선 용어에 대해 알고 싶다는 생각이 드는 것만으로도 헌법을 따라 써 보는 의미는 충분할지도 모릅니다.

헌법을 따라 써 보기로 결심한 여러분은 이미 대한민국을 한층 건강하게 만들 주역이에요. 우리의 권리와 책임을 알아 나가려는 이러한 관심이 더 나은 사회를 만드는 첫 걸음이 될 수 있을 거라 믿습니다.

그럼 이제부터 함께 써 볼까요?

차례

머리말 ··· 4

전문 ·· 11

제1장 총강 ································· 19

제2장 국민의 권리와 의무 ········ 31

제3장 국회 ································· 67

제4장 정부 ································· 97

제5장 법원 ································· 137

제6장	헌법재판소	151
제7장	선거 관리	161
제8장	지방자치	169
제9장	경제	175
제10장	헌법 개정	189
부칙		197

부록
- 대한민국 헌법 개정 역사
- 헌법 개정 절차 206

전문

대한민국의 약속, 마음을 담은 첫 문장

　전문(前文)은 헌법 조문 앞에 나오는 글로, 대한민국이 어떤 나라인지, 어떤 정신을 바탕으로 세워졌는지를 알려 주는 선언이에요. 책으로 치자면 프롤로그 같은 안내 글이죠. 헌법의 존재 이유와 민주주의, 법치주의, 인권 존중 등의 기본적 가치, 그리고 대한민국이 추구하는 목표까지 담고 있어요.

　대한민국 헌법은 1948년 7월 17일에 처음 만들어진 뒤 아홉 차례 개정되었어요. 전문에는 "이 헌법을 8차에 걸쳐 개정한 것을 다시 개정한다."라는 표현이 나오는데, 이것은 우리가 현재 사용하고 있는 헌법이 9차 개정 헌법임을 뜻해요.

　헌법 전문을 읽어 보면 세 가지 중요한 사실을 알 수 있어요.

　첫째, 대한민국의 뿌리는 일제 강점기 시절 독립을 위해 싸운 대한민국 임시정부에 있다는 것입니다. 많은 사람들이 목숨을 걸고 저

항하며 나라를 되찾기 위해 노력했어요.

둘째, 우리 국민이 불의에 맞서 싸우는 정신을 가지고 있다는 거예요. 헌법 전문에는 "4.19민주이념을 계승한다."라는 말이 담겨 있는데, 이것은 독재에 맞서 국민이 스스로 민주주의를 지켜 낸 의지와 정신을 이어가겠다는 다짐이에요.

셋째, 전문을 보면 헌법이 가장 소중하게 여기는 존재가 누구인지 알 수 있어요. 바로 국민입니다. 헌법은 대한민국의 모든 국민이 차별 없이 행복한 삶을 살기를 바라고 있어요. 마지막으로, 세계와 함께하는 대한민국이 되자는 다짐이 담겨 있어요. 우리 국민 모두 인류 전체의 발전에 이바지하며, 다른 나라와 함께 더불어 잘사는 평화로운 세상을 추구하자는 내용이지요.

대한민국의 모든 법과 규칙은 이러한 헌법 정신 아래에서 만들어지고 있답니다. 헌법 전문을 읽으면 헌법이 국민을 위해 존재한다는 사실을 더욱 깊이 이해할 수 있어요.

전문

유구한 역사와 전통에 빛나는 우리 대한국민은 3·1운동으로 건립된 대한민국임시정부의 법통과 불의에 항거한 4·19민주이념을 계승하고, 조국의 민주개혁과 평화적 통일의 사명에 입각하여 정의·인도와 동포애로써 민족의 단결을 공고히 하고, 모든 사회적 폐습과 불의를 타파하며, 자율과 조화를 바탕으로 자유민주적 기본질서를 더욱 확고히 하여 정치·경제·사회·문화의 모든 영역에 있어서 각인의 기회를 균등히 하고, 능력을 최고도로 발휘하게 하며, 자유와 권

전문

리에 따르는 책임과 의무를 완수하게 하여, 안으로는 국민 생활의 균등한 향상을 기하고 밖으로는 항구적인 세계평화와 인류 공영에 이바지함으로써 우리들과 우리들의 자손의 안전과 자유와 행복을 영원히 확보할 것을 다짐하면서 1948년 7월 12일에 제정되고 8차에 걸쳐 개정된 헌법을 이제 국회의 의결을 거쳐 국민투표에 의하여 개정한다.

1987년 10월 29일

제1장

총강

제1장 총강

'내 나라'를 알아 가는 첫걸음

여러분은 '민주공화국'인 대한민국의 국민이에요. 이 말은 곧, 여러분이 이 나라의 주인이라는 뜻이에요. 나라의 주인이라면 당연히, '내 나라'가 어떤 곳인지 잘 알고 있어야겠죠?

헌법 제1장 '총강'은 우리나라 헌법의 시작이에요. 이 장은 대한민국이 어떤 나라이고, 어떤 생각과 약속 위에 세워졌는지를 알려 줘요. 마치 대한민국이라는 나라가 어떤 마음으로 만들어졌는지를 보여주는 '나라의 소개 글' 같은 거예요.

이 장에서는 먼저, "대한민국의 주인은 국민이다."라고 분명히 말해요. '민주'는 국민이 주인이라는 뜻이고, '공화국'은 모두가 함께 나라를 운영하는 체제예요. 그러니까 이 나라는 대통령이나 국회의원이 아니라, 바로 우리 같은 국민이 중심이 되는 나라예요. 그만큼 우리의 목소리, 생각, 행동이 모두 소중하고 중요한 거예요.

또, 헌법 총강에서는 우리나라 국민은 누구인지, 우리 영토는 어디까지인지 나라의 바탕이 되는 기준을 확인할 수 있죠.

뿐만 아니라, 이 장에는 지금은 남과 북으로 나뉘어 있는 나라가 언젠가는 다시 평화롭게 하나가 되기를 바라는 소망이 담겨 있어요. 그리고 다른 나라들과도 사이좋게 지내려는 다짐, 전쟁을 하지 않겠다는 약속, 외국인도 법으로 보호하겠다는 선언도 들어 있어요.

헌법 총강을 살펴보면 헌법이 단순한 '법'이 아니라 우리나라가 어떤 나라가 되고 싶은지 알려주는 약속이라는 걸 느끼게 될 거예요.

나라를 위해 일하는 공무원은 어떤 마음가짐을 지녀야 할까요? 정당은 어떤 일을 할까요? 우리 전통과 문화는 왜 지켜야 할까요?

헌법 제1장은 이런 질문들에 대해 생각해 볼 기회를 줘요. 이제 제1장을 따라 써 보며, '내가 주인인 나라'가 어떤 모습이어야 할지, 마음속으로 그려 보아요. 그러는 동안, 여러분의 손끝에서 대한민국의 소중한 약속이 다시 태어날 거예요.

제1조

① 대한민국은 민주공화국이다.

② 대한민국의 주권은 국민에게 있고, 모든 권력은 국민으로부터 나온다.

제2조

① 대한민국의 국민이 되는 요건은 법률로 정한다.

② 국가는 법률이 정하는 바에 의하여 재외국민을 보호할 의무를 진다.

제3조

대한민국의 영토는 한반도와 그 부속 도서로 한다.

제4조

대한민국은 통일을 지향하며, 자유민주적 기본질서에 입

제1조

제2조

제3조

제4조

각한 평화적 통일정책을 수립하고 이를 추진한다.

제5조

① 대한민국은 국제평화의 유지에 노력하고 침략적 전쟁을 부인한다.

② 국군은 국가의 안전보장과 국토방위의 신성한 의무를 수행함을 사명으로 하며, 그 정치적 중립성은 준수된다.

제6조

① 헌법에 의하여 체결·공포된 조약과 일반적으로 승인된 국제법규는 국내법과 같은 효력을 가진다.

② 외국인은 국제법과 조약이 정하는 바에 의하여 그 지위가 보장된다.

제5조

제6조

제7조

① 공무원은 국민 전체에 대한 봉사자이며, 국민에 대하여 책임을 진다.

② 공무원의 신분과 정치적 중립성은 법률이 정하는 바에 의하여 보장된다.

제8조

① 정당의 설립은 자유이며, 복수정당제는 보장된다.

② 정당은 그 목적·조직과 활동이 민주적이어야 하며, 국민의 정치적 의사 형성에 참여하는 데 필요한 조직을 가져야 한다.

③ 정당은 법률이 정하는 바에 의하여 국가의 보호를 받으며, 국가는 법률이 정하는 바에 의하여 정당 운영에 필요한 자금을 보조할 수 있다.

제7조

제8조

④ 정당의 목적이나 활동이 민주적 기본질서에 위배될 때에는 정부는 헌법재판소에 그 해산을 제소할 수 있고, 정당은 헌법재판소의 심판에 의하여 해산된다.

제9조

국가는 전통문화의 계승·발전과 민족문화의 창달에 노력하여야 한다.

제9조

제 2 장

국민의 권리와 의무

제2장 국민의 권리와 의무

대한민국 국민에게 주어지는 권리와 의무

헌법 제2장은 바로 국민의 권리와 의무, 즉 국민으로서 누릴 수 있는 것과 해야 할 것을 정리해 둔 장이에요.

제2장에서는 국민이 가진 '기본권'을 소개해요. 기본권은 말 그대로 사람이라면 누구나 마땅히 가지는 기본적인 권리예요. 내가 어떤 사람인지, 어떤 생각을 하는지에 상관없이 모든 사람은 평등하고, 자유롭고, 행복하게 살 권리를 가져요. 이건 누구에게 '허락' 받아서 생기는 게 아니라, 태어날 때부터 자연스럽게 가지는 권리예요.

그래서 헌법은 말해요. "모든 국민은 인간답게 살아갈 권리가 있다." "차별받지 않아야 하며, 자유롭게 생각하고 표현할 수 있어야 한다." "안전하게 보호받고, 억울할 땐 정당하게 재판받을 수 있어야 한다."

또한, 기본권에는 혼자만 잘사는 게 아니라 온 국민이 더불어 행복한 삶을 꿈꿀 수 있게 만드는 권리, 즉 사회권도 포함돼요.

 하지만 권리는 그냥 주어지는 게 아니에요. 모두가 자신의 권리를 잘 누리기 위해선 서로를 존중하고 책임을 다하는 마음도 필요해요. 그래서 헌법은 권리와 함께 국민의 의무도 정하고 있어요.

 내가 누리는 혜택만 생각하지 않고, 나라와 이웃을 위해 내가 할 수 있는 일을 하는 것, 그게 바로 멋진 국민의 모습이에요.

 이 장을 들여다볼 때 스스로에게 물어보면 좋겠어요.

 '나는 어떤 권리를 가지고 있을까?'

 '내가 가진 권리를 소중히 여기고 있을까?'

 '그리고 나라를 위해 내가 해야 할 일은 무엇일까?'

 이제 헌법 제2장을 따라 쓰며, 대한민국 국민으로서 내가 얼마나 소중한 존재인지, 그리고 서로가 서로에게 어떤 약속을 하고 살아가야 하는지 마음 깊이 새겨보아요.

제10조

모든 국민은 인간으로서의 존엄과 가치를 가지며, 행복을 추구할 권리를 가진다. 국가는 개인이 가지는 불가침의 기본적 인권을 확인하고 이를 보장할 의무를 진다.

제11조

① 모든 국민은 법 앞에 평등하다. 누구든지 성별·종교 또는 사회적 신분에 의하여 정치적·경제적·사회적·문화적 생활의 모든 영역에 있어서 차별을 받지 아니한다.

② 사회적 특수계급의 제도는 인정되지 아니하며, 어떠한 형태로도 이를 창설할 수 없다.

③ 훈장 등의 영전은 이를 받은 자에게만 효력이 있고, 어떠한 특권도 이에 따르지 아니한다.

제10조

제11조

제12조

① 모든 국민은 신체의 자유를 가진다. 누구든지 법률에 의하지 아니하고는 체포·구속·압수·수색 또는 심문을 받지 아니하며, 법률과 적법한 절차에 의하지 아니하고는 처벌·보안처분 또는 강제노역을 받지 아니한다.

② 모든 국민은 고문을 받지 아니하며, 형사상 자기에게 불리한 진술을 강요당하지 아니한다.

③ 체포·구속·압수 또는 수색을 할 때에는 적법한 절차에 따라 검사의 신청에 의하여 법관이 발부한 영장을 제시하여야 한다. 다만, 현행범인인 경우와 장기 3년 이상의 형에 해당하는 죄를 범하고 도피 또는 증거인멸의 염려가 있을 때에는 사후에 영장을 청구할 수 있다.

④ 누구든지 체포 또는 구속을 당한 때에는 즉시 변호인의 조력을 받을 권리를 가진다. 다만, 형사피고인이 스스로 변호인을 구할 수 없을 때에는 법률이 정하는 바에

제12조

의하여 국가가 변호인을 붙인다.

⑤ 누구든지 체포 또는 구속의 이유와 변호인의 조력을 받을 권리가 있음을 고지받지 아니하고는 체포 또는 구속을 당하지 아니한다. 체포 또는 구속을 당한 자의 가족 등 법률이 정하는 자에게는 그 이유와 일시·장소가 지체 없이 통지되어야 한다.

⑥ 누구든지 체포 또는 구속을 당한 때에는 적부의 심사를 법원에 청구할 권리를 가진다.

⑦ 피고인의 자백이 고문·폭행·협박·구속의 부당한 장기화 또는 기망 기타의 방법에 의하여 자의로 진술된 것이 아니라고 인정될 때 또는 정식재판에 있어서 피고인의 자백이 그에게 불리한 유일한 증거일 때에는 이를 유죄의 증거로 삼거나 이를 이유로 처벌할 수 없다.

제13조

① 모든 국민은 행위 시의 법률에 의하여 범죄를 구성하지 아니하는 행위로 소추되지 아니하며, 동일한 범죄에 대하여 거듭 처벌받지 아니한다.

② 모든 국민은 소급입법에 의하여 참정권의 제한을 받거나 재산권을 박탈당하지 아니한다.

③ 모든 국민은 자기의 행위가 아닌 친족의 행위로 인하여 불이익한 처우를 받지 아니한다.

제14조

모든 국민은 거주·이전의 자유를 가진다.

제15조

모든 국민은 직업선택의 자유를 가진다.

제13조

제14조

제15조

제16조

모든 국민은 주거의 자유를 침해받지 아니한다. 주거에 대한 압수나 수색을 할 때에는 검사의 신청에 의하여 법관이 발부한 영장을 제시하여야 한다.

제17조

모든 국민은 사생활의 비밀과 자유를 침해받지 아니한다.

제18조

모든 국민은 통신의 비밀을 침해받지 아니한다.

제19조

모든 국민은 양심의 자유를 가진다.

제16조

제17조

제18조

제19조

제20조

① 모든 국민은 종교의 자유를 가진다.

② 국교는 인정되지 아니하며, 종교와 정치는 분리된다.

제21조

① 모든 국민은 언론·출판의 자유와 집회·결사의 자유를 가진다.

② 언론·출판에 대한 허가나 검열과 집회·결사에 대한 허가는 인정되지 아니한다.

③ 통신·방송의 시설 기준과 신문의 기능을 보장하기 위하여 필요한 사항은 법률로 정한다.

④ 언론·출판은 타인의 명예나 권리 또는 공중도덕이나 사회윤리를 침해하여서는 아니된다. 언론·출판이 타인의 명예나 권리를 침해한 때에는 피해자는 이에 대한 피해의 배상을 청구할 수 있다.

제20조

제21조

제22조

① 모든 국민은 학문과 예술의 자유를 가진다.

② 저작자·발명가·과학기술자와 예술가의 권리는 법률로써 보호한다.

제23조

① 모든 국민의 재산권은 보장된다. 그 내용과 한계는 법률로 정한다.

② 재산권의 행사는 공공복리에 적합하도록 하여야 한다.

③ 공공필요에 의한 재산권의 수용·사용 또는 제한 및 그에 대한 보상은 법률로써 하되, 정당한 보상을 지급하여야 한다.

제24조

모든 국민은 법률이 정하는 바에 의하여 선거권을 가진다.

제22조

제23조

제24조

제25조

모든 국민은 법률이 정하는 바에 의하여 공무담임권을 가진다.

제26조

① 모든 국민은 법률이 정하는 바에 의하여 국가기관에 문서로 청원할 권리를 가진다.

② 국가는 청원에 대하여 심사할 의무를 진다.

제27조

① 모든 국민은 헌법과 법률이 정한 법관에 의하여 법률에 의한 재판을 받을 권리를 가진다.

② 군인 또는 군무원이 아닌 국민은 대한민국의 영역 안에서는 중대한 군사상 기밀·초병·초소·유독음식물공급·포로·군용물에 관한 죄 중 법률이 정한 경우와 비상계

제25조

제26조

제27조

엄이 선포된 경우를 제외하고는 군사법원의 재판을 받지 아니한다.

③ 모든 국민은 신속한 재판을 받을 권리를 가진다. 형사피고인은 상당한 이유가 없는 한 지체 없이 공개재판을 받을 권리를 가진다.

④ 형사피고인은 유죄의 판결이 확정될 때까지는 무죄로 추정된다.

⑤ 형사피해자는 법률이 정하는 바에 의하여 당해 사건의 재판 절차에서 진술할 수 있다.

제28조

형사피의자 또는 형사피고인으로서 구금되었던 자가 법률이 정하는 불기소처분을 받거나 무죄판결을 받은 때에는 법률이 정하는 바에 의하여 국가에 정당한 보상을 청구할 수 있다.

제28조

제29조

① 공무원의 직무상 불법행위로 손해를 받은 국민은 법률이 정하는 바에 의하여 국가 또는 공공단체에 정당한 배상을 청구할 수 있다. 이 경우 공무원 자신의 책임은 면제되지 아니한다.

② 군인·군무원·경찰공무원 기타 법률이 정하는 자가 전투·훈련 등 직무집행과 관련하여 받은 손해에 대하여는 법률이 정하는 보상 외에 국가 또는 공공단체에 공무원의 직무상 불법행위로 인한 배상은 청구할 수 없다.

제30조

타인의 범죄행위로 인하여 생명·신체에 대한 피해를 받은 국민은 법률이 정하는 바에 의하여 국가로부터 구조를 받을 수 있다.

제29조

제30조

제31조

① 모든 국민은 능력에 따라 균등하게 교육을 받을 권리를 가진다.

② 모든 국민은 그 보호하는 자녀에게 적어도 초등교육과 법률이 정하는 교육을 받게 할 의무를 진다.

③ 의무교육은 무상으로 한다.

④ 교육의 자주성·전문성·정치적 중립성 및 대학의 자율성은 법률이 정하는 바에 의하여 보장된다.

⑤ 국가는 평생교육을 진흥하여야 한다.

⑥ 학교교육 및 평생교육을 포함한 교육제도와 그 운영, 교육재정 및 교원의 지위에 관한 기본적인 사항은 법률로 정한다.

제31조

제32조

① 모든 국민은 근로의 권리를 가진다. 국가는 사회적·경제적 방법으로 근로자의 고용의 증진과 적정 임금의 보장에 노력하여야 하며, 법률이 정하는 바에 의하여 최저임금제를 시행하여야 한다.

② 모든 국민은 근로의 의무를 진다. 국가는 근로의 의무의 내용과 조건을 민주주의 원칙에 따라 법률로 정한다.

③ 근로조건의 기준은 인간의 존엄성을 보장하도록 법률로 정한다.

④ 여자의 근로는 특별한 보호를 받으며, 고용·임금 및 근로조건에 있어서 부당한 차별을 받지 아니한다.

⑤ 연소자의 근로는 특별한 보호를 받는다.

⑥ 국가유공자·상이군경 및 전몰군경의 유가족은 법률이 정하는 바에 의하여 우선적으로 근로의 기회를 부여받는다.

제32조

제33조

① 근로자는 근로조건의 향상을 위하여 자주적인 단결권·단체교섭권 및 단체행동권을 가진다.

② 공무원인 근로자는 법률이 정하는 자에 한하여 단결권·단체교섭권 및 단체행동권을 가진다.

③ 법률이 정하는 주요 방위산업체에 종사하는 근로자의 단체행동권은 법률이 정하는 바에 의하여 이를 제한하거나 인정하지 아니할 수 있다.

제34조

① 모든 국민은 인간다운 생활을 할 권리를 가진다.

② 국가는 사회보장·사회복지의 증진에 노력할 의무를 진다.

③ 국가는 여자의 복지와 권익의 향상을 위하여 노력하여야 한다.

제33조

제34조

④ 국가는 노인과 청소년의 복지향상을 위한 정책을 실시할 의무를 진다.

⑤ 신체장애자 및 질병·노령 기타의 사유로 생활 능력이 없는 국민은 법률이 정하는 바에 의하여 국가의 보호를 받는다.

⑥ 국가는 재해를 예방하고 그 위험으로부터 국민을 보호하기 위하여 노력하여야 한다.

제35조

① 모든 국민은 건강하고 쾌적한 환경에서 생활할 권리를 가지며, 국가와 국민은 환경보전을 위하여 노력하여야 한다.

② 환경권의 내용과 행사에 관하여는 법률로 정한다.

③ 국가는 주택개발정책 등을 통하여 모든 국민이 쾌적한 주거생활을 할 수 있도록 노력하여야 한다.

제35조

제36조

① 혼인과 가족생활은 개인의 존엄과 양성의 평등을 기초로 성립되고 유지되어야 하며, 국가는 이를 보장한다.

② 국가는 모성의 보호를 위하여 노력하여야 한다.

③ 모든 국민은 보건에 관하여 국가의 보호를 받는다.

제37조

① 국민의 자유와 권리는 헌법에 열거되지 아니한 이유로 경시되지 아니한다.

② 국민의 모든 자유와 권리는 국가안전보장·질서유지 또는 공공복리를 위하여 필요한 경우에 한하여 법률로써 제한할 수 있으며, 제한하는 경우에도 자유와 권리의 본질적인 내용을 침해할 수 없다.

제36조

제37조

제38조

모든 국민은 법률이 정하는 바에 의하여 납세의 의무를 진다.

제39조

① 모든 국민은 법률이 정하는 바에 의하여 국방의 의무를 진다.
② 누구든지 병역의무의 이행으로 인하여 불이익한 처우를 받지 아니한다.

제38조

제39조

제3장 국회

국민의 목소리를 모아 법을 만드는 곳

여러분은 혹시 삼권분립이라는 말을 들어 본 적 있나요?

우리나라는 나라의 권력을 한곳에 몰아 주지 않고, 입법부, 행정부, 사법부 이렇게 세 부분으로 나누어 서로를 견제하게 하고 있어요. 이걸 바로 삼권분립이라고 해요.

그중에서도 입법부, 즉 법을 만드는 역할을 맡고 있는 곳이 바로 국회예요. 그리고 헌법에서는 입법부에 대한 내용을 가장 먼저 소개하고 있어요! 그만큼 국회가 중요한 기관이라는 뜻이겠죠?

그런데 국회가 어떤 일을 하는지, 여러분은 알고 있었나요? 법을 만드는 곳이라는 건 많이 들어봤을 거예요. 하지만 국회는 단지 법만 만드는 곳이 아니에요. 예산을 심사하고, 정부 일을 살펴보고, 나라에 문제가 생겼을 때 책임을 묻는 역할도 해요. 심지어 대통령이나 고위 공무원이 큰 잘못을 저지른 경우, 국회는 탄핵이라는 방법으로 그 책임을 물을 수도 있어요. 이런 역할을 할 수 있는 곳은 바로 국회뿐이에요. 그래서 국회는 '국민의 대표 기관'이라 불려요. 국회의원 한 사람 한 사람이 국민의 목소리를 담고 있는 셈이죠.

국회의원은 국민을 대표하는 자리인 만큼, 정직하고 책임감 있게 일해야 해요. 그래서 헌법에서는 국회의원이 지켜야 할 의무들도 함께 정해 놓고 있어요.

이 장의 각 조항을 들여다보며 생각해 보세요.

'국회는 왜 이렇게 중요한 역할을 맡고 있을까?'

'국회의원이 나를 대신해 일한다면, 나는 어떤 생각을 국회에 전하고 싶을까?'

법은 그냥 종이 위에 적힌 글이 아니라, 우리 모두의 삶을 정하고 바꾸는 약속이에요. 그리고 그 법을 만드는 곳이 바로 국회예요. 이제 헌법 제3장을 따라 써 보면서, '국민의 목소리를 담는 국회가 어떤 곳이어야 하는지', 마음속으로 천천히 떠올려 보아요.

제40조

입법권은 국회에 속한다.

제41조

① 국회는 국민의 보통·평등·직접·비밀선거에 의하여 선출된 국회의원으로 구성한다.

② 국회의원의 수는 법률로 정하되, 200인 이상으로 한다.

③ 국회의원의 선거구와 비례대표제 기타 선거에 관한 사항은 법률로 정한다.

제42조

국회의원의 임기는 4년으로 한다.

제43조

국회의원은 법률이 정하는 직을 겸할 수 없다.

제40조

제41조

제42조

제43조

제44조

① 국회의원은 현행범인인 경우를 제외하고는 회기 중 국회의 동의 없이 체포 또는 구금되지 아니한다.

② 국회의원이 회기 전에 체포 또는 구금된 때에는 현행범인이 아닌 한 국회의 요구가 있으면 회기 중 석방된다.

제45조

국회의원은 국회에서 직무상 행한 발언과 표결에 관하여 국회 외에서 책임을 지지 아니한다.

제46조

① 국회의원은 청렴의 의무가 있다.

② 국회의원은 국가이익을 우선하여 양심에 따라 직무를 행한다.

③ 국회의원은 그 지위를 남용하여 국가·공공단체 또는

제44조

제45조

제46조

기업체와의 계약이나 그 처분에 의하여 재산상의 권리·이익 또는 직위를 취득하거나 타인을 위하여 그 취득을 알선할 수 없다.

제47조

① 국회의 정기회는 법률이 정하는 바에 의하여 매년 1회 집회되며, 국회의 임시회는 대통령 또는 국회재적의원 4분의 1 이상의 요구에 의하여 집회된다.

② 정기회의 회기는 100일을, 임시회의 회기는 30일을 초과할 수 없다.

③ 대통령이 임시회의 집회를 요구할 때에는 기간과 집회요구의 이유를 명시하여야 한다.

제48조

국회는 의장 1인과 부의장 2인을 선출한다.

제47조

제48조

제49조

국회는 헌법 또는 법률에 특별한 규정이 없는 한 재적의원 과반수의 출석과 출석의원 과반수의 찬성으로 의결한다. 가부동수인 때에는 부결된 것으로 본다.

제50조

① 국회의 회의는 공개한다. 다만, 출석의원 과반수의 찬성이 있거나 의장이 국가의 안전보장을 위하여 필요하다고 인정할 때에는 공개하지 아니할 수 있다.

② 공개하지 아니한 회의 내용의 공표에 관하여는 법률이 정하는 바에 의한다.

제49조

제50조

제51조

국회에 제출된 법률안 기타의 의안은 회기 중에 의결되지 못한 이유로 폐기되지 아니한다. 다만, 국회의원의 임기가 만료된 때에는 그러하지 아니하다.

제52조

국회의원과 정부는 법률안을 제출할 수 있다.

제53조

① 국회에서 의결된 법률안은 정부에 이송되어 15일 이내에 대통령이 공포한다.
② 법률안에 이의가 있을 때에는 대통령은 제1항의 기간 내에 이의서를 붙여 국회로 환부하고, 그 재의를 요구할 수 있다. 국회의 폐회 중에도 또한 같다.
③ 대통령은 법률안의 일부에 대하여 또는 법률안을 수정

제51조

제52조

제53조

하여 재의를 요구할 수 없다.

④ 재의의 요구가 있을 때에는 국회는 재의에 붙이고, 재적의원 과반수의 출석과 출석의원 3분의 2 이상의 찬성으로 전과 같은 의결을 하면 그 법률안은 법률로서 확정된다.

⑤ 대통령이 제1항의 기간 내에 공포나 재의의 요구를 하지 아니한 때에도 그 법률안은 법률로서 확정된다.

⑥ 대통령은 제4항과 제5항의 규정에 의하여 확정된 법률을 지체 없이 공포하여야 한다. 제5항에 의하여 법률이 확정된 후 또는 제4항에 의한 확정법률이 정부에 이송된 후 5일 이내에 대통령이 공포하지 아니할 때에는 국회의장이 이를 공포한다.

⑦ 법률은 특별한 규정이 없는 한 공포한 날로부터 20일을 경과함으로써 효력을 발생한다.

제54조

① 국회는 국가의 예산안을 심의·확정한다.

② 정부는 회계연도마다 예산안을 편성하여 회계연도 개시 90일 전까지 국회에 제출하고, 국회는 회계연도 개시 30일 전까지 이를 의결하여야 한다.

③ 새로운 회계연도가 개시될 때까지 예산안이 의결되지 못한 때에는 정부는 국회에서 예산안이 의결될 때까지 다음의 목적을 위한 경비는 전년도 예산에 준하여 집행할 수 있다.

　1. 헌법이나 법률에 의하여 설치된 기관 또는 시설의 유지·운영

　2. 법률상 지출 의무의 이행

　3. 이미 예산으로 승인된 사업의 계속

제54조

제55조

① 한 회계연도를 넘어 계속하여 지출할 필요가 있을 때에는 정부는 연한을 정하여 계속비로서 국회의 의결을 얻어야 한다.

② 예비비는 총액으로 국회의 의결을 얻어야 한다. 예비비의 지출은 차기 국회의 승인을 얻어야 한다.

제56조

정부는 예산에 변경을 가할 필요가 있을 때에는 추가경정예산안을 편성하여 국회에 제출할 수 있다.

제57조

국회는 정부의 동의 없이 정부가 제출한 지출예산 각항의 금액을 증가하거나 새 비목을 설치할 수 없다.

제55조

제56조

제57조

제58조

국채를 모집하거나 예산 외에 국가의 부담이 될 계약을 체결하려 할 때에는 정부는 미리 국회의 의결을 얻어야 한다.

제59조

조세의 종목과 세율은 법률로 정한다.

제60조

① 국회는 상호원조 또는 안전보장에 관한 조약, 중요한 국제조직에 관한 조약, 우호통상항해조약, 주권의 제약에 관한 조약, 강화조약, 국가나 국민에게 중대한 재정적 부담을 지우는 조약 또는 입법 사항에 관한 조약의 체결·비준에 대한 동의권을 가진다.

② 국회는 선전포고, 국군의 외국에의 파견 또는 외국군대의

제58조

제59조

제60조

대한민국 영역 안에서의 주류에 대한 동의권을 가진다.

제61조

① 국회는 국정을 감사하거나 특정한 국정사안에 대하여 조사할 수 있으며, 이에 필요한 서류의 제출 또는 증인의 출석과 증언이나 의견의 진술을 요구할 수 있다.

② 국정감사 및 조사에 관한 절차 기타 필요한 사항은 법률로 정한다.

제62조

① 국무총리·국무위원 또는 정부위원은 국회나 그 위원회에 출석하여 국정 처리 상황을 보고하거나 의견을 진술하고 질문에 응답할 수 있다.

② 국회나 그 위원회의 요구가 있을 때에는 국무총리·국무위원 또는 정부위원은 출석·답변하여야 하며, 국무

제61조

제62조

총리 또는 국무위원이 출석요구를 받은 때에는 국무위원 또는 정부위원으로 하여금 출석·답변하게 할 수 있다.

제63조

① 국회는 국무총리 또는 국무위원의 해임을 대통령에게 건의할 수 있다.

② 제1항의 해임 건의는 국회재적의원 3분의 1 이상의 발의에 의하여 국회재적의원 과반수의 찬성이 있어야 한다.

제64조

① 국회는 법률에 저촉되지 아니하는 범위 안에서 의사와 내부규율에 관한 규칙을 제정할 수 있다.

② 국회는 의원의 자격을 심사하며, 의원을 징계할 수 있다.

제63조

제64조

③ 의원을 제명하려면 국회재적의원 3분의 2 이상의 찬성이 있어야 한다.

④ 제2항과 제3항의 처분에 대하여는 법원에 제소할 수 없다.

제65조

① 대통령·국무총리·국무위원·행정각부의 장·헌법재판소 재판관·법관·중앙선거관리위원회 위원·감사원장·감사위원 기타 법률이 정한 공무원이 그 직무집행에 있어서 헌법이나 법률을 위배한 때에는 국회는 탄핵의 소추를 의결할 수 있다.

② 제1항의 탄핵소추는 국회재적의원 3분의 1 이상의 발의가 있어야 하며, 그 의결은 국회재적의원 과반수의 찬성이 있어야 한다. 다만, 대통령에 대한 탄핵소추는 국회재적의원 과반수의 발의와 국회재적의원 3분의 2 이

제65조

상의 찬성이 있어야 한다.

③ 탄핵소추의 의결을 받은 자는 탄핵심판이 있을 때까지 그 권한행사가 정지된다.

④ 탄핵 결정은 공직으로부터 파면함에 그친다. 그러나, 이에 의하여 민사상이나 형사상의 책임이 면제되지는 아니한다.

제4장

정부

제4장 정부

나랏일을 하는 곳

여러분, 나라의 일은 누가 하고 있을까요? 우리가 사는 대한민국은 국민이 주인이지만, 나라의 일을 직접 다 할 수는 없기 때문에 국민을 대신해 일하는 사람들이 있어요. 그 사람들과 조직을 묶어서 우리는 '정부'라고 불러요.

헌법 제4장은 바로 이 정부의 조직과 역할에 대해 알려 주는 장이에요. 여기에는 대통령, 국무총리, 각 부처, 그리고 감사원 등이 어떤 일을 하는지 정해져 있어요.

헌법은 대통령을 '국가의 원수이며 행정부의 수반', 즉 나라를 대표하면서 행정부를 이끄는 사람이라고 말하고 있어요.

대통령이 일을 시작할 때는 모든 국민 앞에서 "국가를 위해 정직하게 일하겠다."라는 선서를 먼저 해요. 이건 단지 정식으로 대통령직을 맡기 위한 형식적 절차에 불과한 게 아니라 국민에게 책임을 다하겠다고 다짐하는 진지한 시간이에요.

  대통령은 혼자서 모든 결정을 하는 것이 아니에요. 국무총리와 장관들, 여러 공무원들과 함께 행정부를 운영해요. 이들을 임명하거나 해임할 수 있는 권한도 대통령에게 있지만, 그 결정은 혼자 마음대로 하는 게 아니라, 국민의 뜻과 헌법의 기준 안에서 해야 해요. 헌법에서 행정부의 역할을 탄탄히 정해 놓고 있기 때문에 나라가 흔들리는 일 없이 잘 운영될 수 있는 거예요.

  이 장을 들여다볼 때 생각해 보세요.

'대통령은 어떤 역할을 하고, 어디까지 권한을 갖고 있을까?'

'권력이 커질수록, 책임도 커진다는 말은 무슨 뜻일까?'

  정부는 국민을 위해 일하는 기관이에요. 대통령을 비롯한 모든 행정부 사람들은 국민의 삶을 지키고, 더 나은 나라를 만들기 위해 존재해요. 이제 헌법 제4장을 따라 써 보면서, '나라를 이끄는 사람은 어떤 마음가짐으로 일해야 할까?'에 대해 떠올려 보면 어떨까요?

제1절 대통령

제66조

① 대통령은 국가의 원수이며, 외국에 대하여 국가를 대표한다.

② 대통령은 국가의 독립·영토의 보전·국가의 계속성과 헌법을 수호할 책무를 진다.

③ 대통령은 조국의 평화적 통일을 위한 성실한 의무를 진다.

④ 행정권은 대통령을 수반으로 하는 정부에 속한다.

제67조

① 대통령은 국민의 보통·평등·직접·비밀선거에 의하여 선출한다.

② 제1항의 선거에 있어서 최고득표자가 2인 이상인 때에

제1절 대통령

제66조

제67조

는 국회의 재적의원 과반수가 출석한 공개회의에서 다수표를 얻은 자를 당선자로 한다.

③ 대통령 후보자가 1인일 때에는 그 득표수가 선거권자 총수의 3분의 1 이상이 아니면 대통령으로 당선될 수 없다.

④ 대통령으로 선거될 수 있는 자는 국회의원의 피선거권이 있고 선거일 현재 40세에 달하여야 한다.

⑤ 대통령의 선거에 관한 사항은 법률로 정한다.

제68조

① 대통령의 임기가 만료되는 때에는 임기 만료 70일 내지 40일 전에 후임자를 선거한다.

② 대통령이 궐위된 때 또는 대통령 당선자가 사망하거나 판결 기타의 사유로 그 자격을 상실한 때에는 60일 이내에 후임자를 선거한다.

제68조

제69조

대통령은 취임에 즈음하여 다음의 선서를 한다.

"나는 헌법을 준수하고 국가를 보위하며 조국의 평화적 통일과 국민의 자유와 복리의 증진 및 민족문화의 창달에 노력하여 대통령으로서의 직책을 성실히 수행할 것을 국민 앞에 엄숙히 선서합니다."

제70조

대통령의 임기는 5년으로 하며, 중임할 수 없다.

제71조

대통령이 궐위되거나 사고로 인하여 직무를 수행할 수 없을 때에는 국무총리, 법률이 정한 국무위원의 순서로 그 권한을 대행한다.

제69조

제70조

제71조

제72조

대통령은 필요하다고 인정할 때에는 외교·국방·통일 기타 국가안위에 관한 중요정책을 국민투표에 붙일 수 있다.

제73조

대통령은 조약을 체결·비준하고, 외교사절을 신임·접수 또는 파견하며, 선전포고와 강화를 한다.

제74조

① 대통령은 헌법과 법률이 정하는 바에 의하여 국군을 통수한다.
② 국군의 조직과 편성은 법률로 정한다.

제72조

제73조

제74조

제75조

대통령은 법률에서 구체적으로 범위를 정하여 위임받은 사항과 법률을 집행하기 위하여 필요한 사항에 관하여 대통령령을 발할 수 있다.

제76조

① 대통령은 내우·외환·천재·지변 또는 중대한 재정·경제상의 위기에 있어서 국가의 안전보장 또는 공공의 안녕질서를 유지하기 위하여 긴급한 조치가 필요하고 국회의 집회를 기다릴 여유가 없을 때에 한하여 최소한으로 필요한 재정·경제상의 처분을 하거나 이에 관하여 법률의 효력을 가지는 명령을 발할 수 있다.

② 대통령은 국가의 안위에 관계되는 중대한 교전 상태에 있어서 국가를 보위하기 위하여 긴급한 조치가 필요하고 국회의 집회가 불가능한 때에 한하여 법률의 효력을

제75조

제76조

가지는 명령을 발할 수 있다.

③ 대통령은 제1항과 제2항의 처분 또는 명령을 한 때에는 지체없이 국회에 보고하여 그 승인을 얻어야 한다.

④ 제3항의 승인을 얻지 못한 때에는 그 처분 또는 명령은 그때부터 효력을 상실한다. 이 경우 그 명령에 의하여 개정 또는 폐지되었던 법률은 그 명령이 승인을 얻지 못한 때부터 당연히 효력을 회복한다.

⑤ 대통령은 제3항과 제4항의 사유를 지체 없이 공포하여야 한다.

제77조

① 대통령은 전시·사변 또는 이에 준하는 국가비상사태에 있어서 병력으로써 군사상의 필요에 응하거나 공공의 안녕질서를 유지할 필요가 있을 때에는 법률이 정하는 바에 의하여 계엄을 선포할 수 있다.

제77조

② 계엄은 비상계엄과 경비계엄으로 한다.

③ 비상계엄이 선포된 때에는 법률이 정하는 바에 의하여 영장제도, 언론·출판·집회·결사의 자유, 정부나 법원의 권한에 관하여 특별한 조치를 할 수 있다.

④ 계엄을 선포한 때에는 대통령은 지체없이 국회에 통고하여야 한다.

⑤ 국회가 재적의원 과반수의 찬성으로 계엄의 해제를 요구한 때에는 대통령은 이를 해제하여야 한다.

제78조

대통령은 헌법과 법률이 정하는 바에 의하여 공무원을 임면한다.

제78조

제79조

① 대통령은 법률이 정하는 바에 의하여 사면·감형 또는 복권을 명할 수 있다.

② 일반사면을 명하려면 국회의 동의를 얻어야 한다.

③ 사면·감형 및 복권에 관한 사항은 법률로 정한다.

제80조

대통령은 법률이 정하는 바에 의하여 훈장 기타의 영전을 수여한다.

제81조

대통령은 국회에 출석하여 발언하거나 서한으로 의견을 표시할 수 있다.

제79조

제80조

제81조

제82조

대통령의 국법상 행위는 문서로써 하며, 이 문서에는 국무총리와 관계 국무위원이 부서한다. 군사에 관한 것도 또한 같다.

제83조

대통령은 국무총리·국무위원·행정각부의 장 기타 법률이 정하는 공사의 직을 겸할 수 없다.

제84조

대통령은 내란 또는 외환의 죄를 범한 경우를 제외하고는 재직 중 형사상의 소추를 받지 아니한다.

제85조

전직 대통령의 신분과 예우에 관하여는 법률로 정한다.

제82조

제83조

제84조

제85조

제2절 행정부

제1관 국무총리와 국무위원

제86조

① 국무총리는 국회의 동의를 얻어 대통령이 임명한다.

② 국무총리는 대통령을 보좌하며, 행정에 관하여 대통령의 명을 받아 행정각부를 통할한다.

③ 군인은 현역을 면한 후가 아니면 국무총리로 임명될 수 없다.

제87조

① 국무위원은 국무총리의 제청으로 대통령이 임명한다.

② 국무위원은 국정에 관하여 대통령을 보좌하며, 국무회의의 구성원으로서 국정을 심의한다.

제2절 행정부

제1관 국무총리와 국무위원

제86조

제87조

③ 국무총리는 국무위원의 해임을 대통령에게 건의할 수 있다.

④ 군인은 현역을 면한 후가 아니면 국무위원으로 임명될 수 없다.

제2관 국무회의

제88조

① 국무회의는 정부의 권한에 속하는 중요한 정책을 심의한다.

② 국무회의는 대통령·국무총리와 15인 이상 30인 이하의 국무위원으로 구성한다.

③ 대통령은 국무회의의 의장이 되고, 국무총리는 부의장이 된다.

제2관 국무회의

제88조

제89조

다음 사항은 국무회의의 심의를 거쳐야 한다.

    1. 국정의 기본계획과 정부의 일반정책

    2. 선전·강화 기타 중요한 대외정책

    3. 헌법개정안·국민투표안·조약안·법률안 및 대통령령안

    4. 예산안·결산·국유재산처분의 기본계획·국가의 부담이 될 계약 기타 재정에 관한 중요사항

    5. 대통령의 긴급명령·긴급재정경제처분 및 명령 또는 계엄과 그 해제

    6. 군사에 관한 중요사항

    7. 국회의 임시회 집회의 요구

    8. 영전수여

    9. 사면·감형과 복권

    10. 행정각부간의 권한의 획정

제89조

11. 정부 안의 권한의 위임 또는 배정에 관한 기본계획

12. 국정처리상황의 평가·분석

13. 행정각부의 중요한 정책의 수립과 조정

14. 정당해산의 제소

15. 정부에 제출 또는 회부된 정부의 정책에 관계되는 청원의 심사

16. 검찰총장·합동참모의장·각군참모총장·국립대학교총장·대사 기타 법률이 정한 공무원과 국영기업체관리자의 임명

17. 기타 대통령·국무총리 또는 국무위원이 제출한 사항

제90조

① 국정의 중요한 사항에 관한 대통령의 자문에 응하기 위하여 국가원로로 구성되는 국가원로자문회의를 둘 수 있다.

② 국가원로자문회의의 의장은 직전 대통령이 된다. 다만, 직전 대통령이 없을 때에는 대통령이 지명한다.

③ 국가원로자문회의의 조직·직무범위 기타 필요한 사항은 법률로 정한다.

제91조

① 국가안전보장에 관련되는 대외정책·군사정책과 국내정책의 수립에 관하여 국무회의의 심의에 앞서 대통령의 자문에 응하기 위하여 국가안전보장회의를 둔다.

② 국가안전보장회의는 대통령이 주재한다.

③ 국가안전보장회의의 조직·직무범위 기타 필요한 사항

제90조

제91조

은 법률로 정한다.

제92조

① 평화통일정책의 수립에 관한 대통령의 자문에 응하기 위하여 민주평화통일자문회의를 둘 수 있다.

② 민주평화통일자문회의의 조직·직무범위 기타 필요한 사항은 법률로 정한다.

제93조

① 국민경제의 발전을 위한 중요정책의 수립에 관하여 대통령의 자문에 응하기 위하여 국민경제자문회의를 둘 수 있다.

② 국민경제자문회의의 조직·직무범위 기타 필요한 사항은 법률로 정한다.

제92조

제93조

제3관 행정각부

제94조

행정각부의 장은 국무위원 중에서 국무총리의 제청으로 대통령이 임명한다.

제95조

국무총리 또는 행정각부의 장은 소관사무에 관하여 법률이나 대통령령의 위임 또는 직권으로 총리령 또는 부령을 발할 수 있다.

제96조

행정각부의 설치·조직과 직무범위는 법률로 정한다.

제3관 행정각부

제94조

제95조

제96조

제4관 감사원

제97조

국가의 세입·세출의 결산, 국가 및 법률이 정한 단체의 회계검사와 행정기관 및 공무원의 직무에 관한 감찰을 하기 위하여 대통령 소속하에 감사원을 둔다.

제98조

① 감사원은 원장을 포함한 5인 이상 11인 이하의 감사위원으로 구성한다.
② 원장은 국회의 동의를 얻어 대통령이 임명하고, 그 임기는 4년으로 하며, 1차에 한하여 중임할 수 있다.
③ 감사위원은 원장의 제청으로 대통령이 임명하고, 그 임기는 4년으로 하며, 1차에 한하여 중임할 수 있다.

제4관 감사원

제97조

제98조

제99조

감사원은 세입·세출의 결산을 매년 검사하여 대통령과 차년도국회에 그 결과를 보고하여야 한다.

제100조

감사원의 조직·직무범위·감사위원의 자격·감사대상공무원의 범위 기타 필요한 사항은 법률로 정한다.

제99조

제100조

제 5 장

법원

제5장 법원

정의를 지키는 울타리

여러분, 혹시 억울한 일을 당해 본 적 있나요?

누군가 나를 오해하거나, 잘못한 적이 없는데도 누명을 씌운다면 정말 속상하겠죠. 이럴 때 우리를 도와주는 곳이 바로 '법원', 그리고 법원에서 정의를 세우는 역할을 하는 사람들이 '법관'이에요.

법원은 언뜻 보면 헌법재판소와 비슷해 보이지만, 서로 다른 일을 맡고 있어요. 어디가 더 높은 기관인지 궁금해하는 친구들도 있지만, 서로의 역할이 다르기 때문에 우열을 가릴 수 없어요.

헌법 제5장은 법원, 즉 사법부가 어떻게 만들어지고, 어떤 원칙으로 운영되는지를 알려줘요. 법원은 우리나라에서 유일하게 법을 해석하고 적용할 수 있는 기관이에요. 그래서 이 권한을 '사법권'이라고 부르고, 헌법에는 오직 법원만이 사법권을 가진다고 분명히 나와 있어요. 그렇다면, 법원은 어떤 일을 할까요?

가장 중요한 일은 공정하게 재판하는 것이에요. 누가 옳고 그른지를 법과 양심에 따라 판단해서, 억울한 사람이 생기지 않도록 돕는 거죠.

이런 재판이 정말 공정하려면, 법관이 누구의 눈치도 보지 않고 독립적으로 판단할 수 있어야 해요. 그래서 헌법에서는 법관이 함부로 해임되지 않도록 신분을 보장하고 있어요. 큰 잘못이 없는 한, 스스로 그만두지 않으면 계속 일을 할 수 있게 한 거예요. 이 덕분에 법관은 어떤 압력이나 간섭 없이, 오직 법과 양심에 따라 판결을 내릴 수 있어요.

법원은 우리의 권리를 지켜주는 마지막 울타리예요.

어떤 일이 생겨도 공정하게 판단해 줄 곳이 있다는 믿음이 있기에, 우리는 더 안전하고 정의로운 사회에서 살아갈 수 있어요. 이제 헌법 제5장을 따라 써 보며, '정의로운 나라를 만들려면 우리에게 무엇이 필요할까?'를 마음속으로 조용히 생각해 보아요.

제101조

① 사법권은 법관으로 구성된 법원에 속한다.

② 법원은 최고법원인 대법원과 각급법원으로 조직된다.

③ 법관의 자격은 법률로 정한다.

제102조

① 대법원에 부를 둘 수 있다.

② 대법원에 대법관을 둔다. 다만, 법률이 정하는 바에 의하여 대법관이 아닌 법관을 둘 수 있다.

③ 대법원과 각급법원의 조직은 법률로 정한다.

제103조

법관은 헌법과 법률에 의하여 그 양심에 따라 독립하여 심판한다.

제101조

제102조

제103조

제104조

① 대법원장은 국회의 동의를 얻어 대통령이 임명한다.

② 대법관은 대법원장의 제청으로 국회의 동의를 얻어 대통령이 임명한다.

③ 대법원장과 대법관이 아닌 법관은 대법관회의의 동의를 얻어 대법원장이 임명한다.

제105조

① 대법원장의 임기는 6년으로 하며, 중임할 수 없다.

② 대법관의 임기는 6년으로 하며, 법률이 정하는 바에 의하여 연임할 수 있다.

③ 대법원장과 대법관이 아닌 법관의 임기는 10년으로 하며, 법률이 정하는 바에 의하여 연임할 수 있다.

④ 법관의 정년은 법률로 정한다.

제104조

제105조

제106조

① 법관은 탄핵 또는 금고 이상의 형의 선고에 의하지 아니하고는 파면되지 아니하며, 징계처분에 의하지 아니하고는 정직·감봉 기타 불리한 처분을 받지 아니한다.

② 법관이 중대한 심신상의 장해로 직무를 수행할 수 없을 때에는 법률이 정하는 바에 의하여 퇴직하게 할 수 있다.

제107조

① 법률이 헌법에 위반되는 여부가 재판의 전제가 된 경우에는 법원은 헌법재판소에 제청하여 그 심판에 의하여 재판한다.

② 명령·규칙 또는 처분이 헌법이나 법률에 위반되는 여부가 재판의 전제가 된 경우에는 대법원은 이를 최종적으로 심사할 권한을 가진다.

제106조

제107조

③ 재판의 전심절차로서 행정심판을 할 수 있다. 행정심판의 절차는 법률로 정하되, 사법절차가 준용되어야 한다.

제108조

대법원은 법률에 저촉되지 아니하는 범위 안에서 소송에 관한 절차, 법원의 내부규율과 사무처리에 관한 규칙을 제정할 수 있다.

제109조

재판의 심리와 판결은 공개한다. 다만, 심리는 국가의 안전보장 또는 안녕질서를 방해하거나 선량한 풍속을 해할 염려가 있을 때에는 법원의 결정으로 공개하지 아니할 수 있다.

제108조

제109조

제110조

① 군사재판을 관할하기 위하여 특별법원으로서 군사법원을 둘 수 있다.

② 군사법원의 상고심은 대법원에서 관할한다.

③ 군사법원의 조직·권한 및 재판관의 자격은 법률로 정한다.

④ 비상계엄하의 군사재판은 군인·군무원의 범죄나 군사에 관한 간첩죄의 경우와 초병·초소·유독음식물공급·포로에 관한 죄 중 법률이 정한 경우에 한하여 단심으로 할 수 있다. 다만, 사형을 선고한 경우에는 그러하지 아니하다.

제110조

제6장

헌법재판소

제6장 헌법재판소

헌법을 지키는 마지막 보루

우리나라에서 가장 중요한 법은 뭐죠? 네, 바로 '헌법'이에요.

헌법은 나라의 기본을 세우는 법이기 때문에, 다른 법들이 헌법을 어기지 않도록 잘 살펴보는 기관이 꼭 필요해요. 그 역할을 맡은 곳이 바로 '헌법재판소'예요.

헌법 제6장은 이 헌법재판소가 어떤 일을 하는지, 그리고 어떻게 구성되어 있는지를 알려주는 장이에요.

헌법재판소의 역할은 어떤 것들이 있을까요?

어떤 사람이 재판을 받고 있는데, 그 재판에 적용되는 법 자체가 헌법에 어긋나는 것 같을 때가 있어요. 그럴 땐, 재판을 맡은 법원이 "이 법이 헌법에 맞는지 확인해 주세요!"라고 하며 헌법재판소에 판단을 요청할 수 있어요. 또, 나라의 기관들 사이에서 "이건 내 권한이야!", "아니야, 네가 한 건 내 일까지 침범한 거야!" 같은 다툼이 생길 때도 있어요. 그럴 땐 누가 맞는지 헌법재판소가 판단해 줘요.

그뿐 아니에요. 국민의 기본권이 침해당했을 때, 헌법재판소에 "이건 헌법에 어긋나요!"라고 말하며 직접 도움을 요청할 수 있어요. 정말 든든하죠?

헌법재판소는 이렇게 위헌법률심판, 탄핵심판, 권한쟁의심판, 위헌정당해산심판, 헌법소원심판을 하는 중요한 기관입니다.

이런 큰일들을 하는 헌법재판소의 재판관은 모두 9명이에요. 삼권분립의 원칙에 따라 대통령이 3명, 국회가 3명, 대법원장이 3명을 지명한답니다. 이렇게 고르게 뽑기 때문에 어느 한쪽에 치우치지 않고 공정하게 판단할 수 있어요.

헌법재판소는 국민의 권리와 나라의 기본 질서를 지키는 마지막 보루예요. 이제 헌법 제6장을 따라 써 보면서, '헌법을 지키는 기관이 없으면 어떤 일이 생길까?', '헌법을 지킨다는 건 어떤 책임을 갖는 일일까?'를 조용히 마음속에 되새겨 보아요.

제111조

① 헌법재판소는 다음 사항을 관장한다.

　　1. 법원의 제청에 의한 법률의 위헌 여부 심판

　　2. 탄핵의 심판

　　3. 정당의 해산 심판

　　4. 국가기관 상호간, 국가기관과 지방자치단체간 및 지방자치단체 상호간의 권한쟁의에 관한 심판

　　5. 법률이 정하는 헌법소원에 관한 심판

② 헌법재판소는 법관의 자격을 가진 9인의 재판관으로 구성하며, 재판관은 대통령이 임명한다.

③ 제2항의 재판관 중 3인은 국회에서 선출하는 자를, 3인은 대법원장이 지명하는 자를 임명한다.

④ 헌법재판소의 장은 국회의 동의를 얻어 재판관 중에서 대통령이 임명한다.

제111조

제112조

① 헌법재판소 재판관의 임기는 6년으로 하며, 법률이 정하는 바에 의하여 연임할 수 있다.

② 헌법재판소 재판관은 정당에 가입하거나 정치에 관여할 수 없다.

③ 헌법재판소 재판관은 탄핵 또는 금고 이상의 형의 선고에 의하지 아니하고는 파면되지 아니한다.

제113조

① 헌법재판소에서 법률의 위헌 결정, 탄핵의 결정, 정당해산의 결정 또는 헌법소원에 관한 인용 결정을 할 때에는 재판관 6인 이상의 찬성이 있어야 한다.

② 헌법재판소는 법률에 저촉되지 아니하는 범위 안에서 심판에 관한 절차, 내부규율과 사무처리에 관한 규칙을 제정할 수 있다.

제112조

제113조

③ 헌법재판소의 조직과 운영 기타 필요한 사항은 법률로 정한다.

제 7 장

선거 관리

제7장 선거 관리

민주주의의 꽃, 선거를 지키는 곳

우리나라는 민주주의 국가예요. 이런 민주주의에서 가장 중요한 일 가운데 하나가 바로 '선거'랍니다. 그런데 만약 선거가 불공정하게 치러진다면 어떻게 될까요? 누군가 몰래 표를 바꾸거나, 어떤 후보만 유리하게 도와주는 일이 생긴다면, 국민의 뜻이 제대로 반영되지 않게 되겠죠.

헌법 제7장은 선거가 정직하고 공정하게 이루어지도록 선거를 관리하는 중요한 기관, 바로 '선거관리위원회'에 대해 알려 줘요. 헌법은 이 기관이 누구의 편도 들지 않고, 선거를 공정하게 치르도록 여러 원칙을 정해 두었답니다.

그리고 선거가 공정하려면, 모든 후보자가 자유롭게 선거 운동을 할 수 있어야 해요. 헌법은 선거관리위원회가 후보자들의 선거 운동을 감시하면서도, 법이 허용하는 범위 안에서 누구든지 자유롭게 활동할 수 있도록 보장해야 한다고 정하고 있어요. 힘 있는 사람만 앞서거나, 약한 후보가 불리하지 않도록 도와주는 역할도 하는 거예요.

또 하나 중요한 내용이 있어요. 선거를 하려면 돈도 많이 들어요. 그래서 헌법은 선거 비용의 일부는 국가가 지원하도록 정하고 있어요. 누구나 공정하게 출마할 수 있도록 도와주는 장치예요.

이 장을 살펴볼 때 생각해 보세요.

'진짜 공정한 선거는 어떻게 만들어질까?'

'누군가의 편이 아닌, 국민 전체의 뜻을 지키는 일은 얼마나 중요할까?'

선거는 민주주의의 꽃이라고 불려요. 그 꽃이 정직하고 아름답게 피어나도록 지켜주는 사람들, 그들이 바로 선거관리위원회랍니다. 이제 헌법 제7장을 따라 써 보면서, '내 한 표가 소중한 이유', '그 한 표가 어떻게 잘 지켜져야 하는지'를 천천히 마음에 새겨 보아요.

제114조

① 선거와 국민투표의 공정한 관리 및 정당에 관한 사무를 처리하기 위하여 선거관리위원회를 둔다.

② 중앙선거관리위원회는 대통령이 임명하는 3인, 국회에서 선출하는 3인과 대법원장이 지명하는 3인의 위원으로 구성한다. 위원장은 위원 중에서 호선한다.

③ 위원의 임기는 6년으로 한다.

④ 위원은 정당에 가입하거나 정치에 관여할 수 없다.

⑤ 위원은 탄핵 또는 금고 이상의 형의 선고에 의하지 아니하고는 파면되지 아니한다.

⑥ 중앙선거관리위원회는 법령의 범위 안에서 선거관리·국민투표관리 또는 정당사무에 관한 규칙을 제정할 수 있으며, 법률에 저촉되지 아니하는 범위 안에서 내부규율에 관한 규칙을 제정할 수 있다.

⑦ 각급 선거관리위원회의 조직·직무범위 기타 필요한 사

제114조

항은 법률로 정한다.

제115조

① 각급 선거관리위원회는 선거인명부의 작성 등 선거사무와 국민투표사무에 관하여 관계 행정기관에 필요한 지시를 할 수 있다.

② 제1항의 지시를 받은 당해 행정기관은 이에 응하여야 한다.

제116조

① 선거운동은 각급 선거관리위원회의 관리하에 법률이 정하는 범위 안에서 하되, 균등한 기회가 보장되어야 한다.

② 선거에 관한 경비는 법률이 정하는 경우를 제외하고는 정당 또는 후보자에게 부담시킬 수 없다.

제115조

제116조

제8장 지방자치

제8장 지방자치

내가 사는 지역은 내가 돌본다!

대한민국은 국민이 주인인 민주공화국이에요. 그렇다면, 지역에 사는 주민들도 그 지역의 주인일까요? 맞아요! 그래서 우리나라에는 '지방자치'라는 제도가 있어요.

헌법 제8장은 바로 이 지방자치에 대해 알려주는 장이에요. 지방자치는 각 지역 주민이 스스로 지역의 일을 결정하고 운영할 수 있도록 권한을 나누는 제도예요.

우리나라는 시, 군, 구와 같은 지방자치단체로 나누어져 있어요. 예를 들어, 서울특별시 강남구, 부산광역시 해운대구, 경기도 고양시, 전라남도 순천시, 강원도 인제군 같은 곳이 모두 지방자치단체예요. 이들 지방자치단체는 주민을 위한 규칙을 만들고, 학교나 도서관을 짓거나, 동네 도로를 고치는 일 같은 지역 문제를 스스로 해결할 수 있는 권한을 갖고 있어요.

헌법은 '법령의 범위 안에서' 지방자치단체가 지역에 필요한 규칙을 만들 수 있다고 정해 두었어요. 이런 다양한 규정들이 모여서, 지역 주민의 삶을 더 편리하고 안정되게 만들어 줘요.

그리고 지방자치단체에는 지방의회도 있어요. 국가에 국회가 있다면, 지역에는 지방의회가 있는 셈이에요. 헌법은 지역을 대표하는 지방의회를 어떻게 구성할지에 관해서도 규정하고 있어요.

이 장에서는 이런 점들을 생각해 보세요.

'내가 사는 지역은 누가 책임져야 할까?'

'작은 목소리도 모이면 지역을 바꾸는 힘이 될 수 있을까?'

지방자치는 국가 전체를 위한 민주주의가 지역에서도 살아 움직이게 하는 제도예요. 내가 사는 곳에 더 관심을 갖고, 의견을 낼 수 있게 해주는 기회이기도 해요.

이제 헌법 제8장을 따라 써 보면서, '내가 사는 지역을 위해 내가 할 수 있는 일은 무엇일까?'를 마음속으로 조용히 떠올려 보아요.

제117조

① 지방자치단체는 주민의 복리에 관한 사무를 처리하고 재산을 관리하며, 법령의 범위 안에서 자치에 관한 규정을 제정할 수 있다.

② 지방자치단체의 종류는 법률로 정한다.

제118조

① 지방자치단체에 의회를 둔다.

② 지방의회의 조직·권한·의원선거와 지방자치단체의 장의 선임 방법 기타 지방자치단체의 조직과 운영에 관한 사항은 법률로 정한다.

제117조

제118조

제9장

경제

제9장 경제

자유롭게, 함께 잘살기 위한 약속

여러분은 편의점이나 마트에서 물건을 사 본 적이 있나요? 그렇다면 경제 활동을 해 본 거예요. 사람들이 물건을 만들고, 팔고, 사고, 돈을 버는 모든 일이 경제와 관련이 있어요.

헌법 제9장은 우리나라의 경제가 어떤 원칙 위에 세워져 있는지 알려 주는 장이에요. 이 장에서는 개인의 경제적 자유를 지키면서도, 모두가 함께 잘사는 사회를 만들기 위한 규칙들이 담겨 있어요.

우선, 헌법은 경제 활동의 주인은 개인과 기업이라고 말해요. 즉, 나라가 모든 경제를 운영하는 것이 아니라, 사람들이 자유롭게 일하고, 물건을 만들고, 거래할 수 있어야 한다는 뜻이에요. 하지만 완전히 자유롭기만 하면, 강한 사람이 약한 사람을 밀어내는 일도 생길 수 있어요. 그래서 헌법은 국가가 꼭 필요한 경우엔 경제를 조정하거나 규제할 수 있다고 정하고 있어요.

또한, 헌법은 국가에게 대한민국의 땅과 자원을 보호할 의무, 과학기술 발전을 도모해야 할 책임이 있다고 말하고 있어요. 국민이 안정적인 경제 활동을 하기 위해 필요한 국가의 역할을 정해 둔 것이지요.

국민이나 기업의 경제 활동은 국가가 개입하지 않도록 하는 게 우리나라 헌법이 정해 둔 원칙이에요. 다만, 국방이나 국민 전체의 경제에 매우 중요한 경우에는 법률에 따라 국가가 일부 개입할 수 있어요. 이건 나라가 국민의 경제권을 통제하려는 것이 아니라, 모두를 위한 최소한의 보호 장치예요.

경제는 혼자만 잘살기 위한 것이 아니라, 모두가 함께 잘살기 위한 약속이에요. 그리고 그 약속을 지키기 위한 기준이 바로 헌법에 담겨 있답니다. 이제 헌법 제9장을 따라 써 보면서, '자유와 공정함은 어떻게 함께 지켜질 수 있을까?', '모두를 위한 경제란 어떤 모습일까?' 하는 점들을 조용히 마음속에 그려 보아요.

제119조

① 대한민국의 경제질서는 개인과 기업의 경제상의 자유와 창의를 존중함을 기본으로 한다.

② 국가는 균형 있는 국민경제의 성장 및 안정과 적정한 소득의 분배를 유지하고, 시장의 지배와 경제력의 남용을 방지하며, 경제주체 간의 조화를 통한 경제의 민주화를 위하여 경제에 관한 규제와 조정을 할 수 있다.

제120조

① 광물 기타 중요한 지하자원·수산자원·수력과 경제상 이용할 수 있는 자연력은 법률이 정하는 바에 의하여 일정한 기간 그 채취·개발 또는 이용을 특허할 수 있다.

② 국토와 자원은 국가의 보호를 받으며, 국가는 그 균형 있는 개발과 이용을 위하여 필요한 계획을 수립한다.

제119조

제120조

제121조

① 국가는 농지에 관하여 경자유전의 원칙이 달성될 수 있도록 노력하여야 하며, 농지의 소작제도는 금지된다.

② 농업생산성의 제고와 농지의 합리적인 이용을 위하거나 불가피한 사정으로 발생하는 농지의 임대차와 위탁경영은 법률이 정하는 바에 의하여 인정된다.

제122조

국가는 국민 모두의 생산 및 생활의 기반이 되는 국토의 효율적이고 균형있는 이용·개발과 보전을 위하여 법률이 정하는 바에 의하여 그에 관한 필요한 제한과 의무를 과할 수 있다.

제121조

제122조

제123조

① 국가는 농업 및 어업을 보호·육성하기 위하여 농·어촌 종합개발과 그 지원 등 필요한 계획을 수립·시행하여야 한다.

② 국가는 지역간의 균형 있는 발전을 위하여 지역경제를 육성할 의무를 진다.

③ 국가는 중소기업을 보호·육성하여야 한다.

④ 국가는 농수산물의 수급균형과 유통구조의 개선에 노력하여 가격안정을 도모함으로써 농·어민의 이익을 보호한다.

⑤ 국가는 농·어민과 중소기업의 자조조직을 육성하여야 하며, 그 자율적 활동과 발전을 보장한다.

제123조

제124조

국가는 건전한 소비 행위를 계도하고 생산품의 품질향상을 촉구하기 위한 소비자보호운동을 법률이 정하는 바에 의하여 보장한다.

제125조

국가는 대외무역을 육성하며, 이를 규제·조정할 수 있다.

제126조

국방상 또는 국민경제상 긴절한 필요로 인하여 법률이 정하는 경우를 제외하고는, 사영기업을 국유 또는 공유로 이전하거나 그 경영을 통제 또는 관리할 수 없다.

제124조

제125조

제126조

제127조

① 국가는 과학기술의 혁신과 정보 및 인력의 개발을 통하여 국민경제의 발전에 노력하여야 한다.

② 국가는 국가표준제도를 확립한다.

③ 대통령은 제1항의 목적을 달성하기 위하여 필요한 자문기구를 둘 수 있다.

제127조

제 10 장

헌법 개정

제10장 헌법 개정

국가의 최고 법, 헌법을 바꾸는 일

여러분은 '헌법은 절대 바꿀 수 없다.'라고 생각하나요?

헌법은 아주 중요한 법이지만, 세상이 바뀌고, 국민의 생각도 달라지면 헌법도 조심스럽게, 신중하게 바꿀 수 있어요.

헌법 제10장은 헌법을 바꾸려면 어떤 절차를 따라야 하는지, 그리고 어떤 조건이 필요한지를 알려주는 장이에요. 헌법을 바꾸는 일은 국민 모두의 삶에 큰 영향을 주는 중요한 결정이기 때문이에요.

그럼, 헌법은 누가 바꾸자고 제안할 수 있을까요? 먼저, 국회의원 과반수가 찬성하면 헌법 개정을 제안할 수 있어요. 그리고 대통령도 헌법 개정을 제안할 수 있어요. 그런데 여기엔 아주 중요한 제한이 있어요. 과거에는 대통령이 스스로 임기를 늘려서 권력을 오래 잡으려 했던 일이 있었어요. 그래서 헌법은 이렇게 정하고 있어요. "대통령의 임기를 바꾸는 개정은, 그 대통령에게는 적용할 수 없다." 이 조항은 대통령이 자신에게 유리하게 법을 고치지 못하도록 국민을 지키는 안전장치예요.

헌법개정안이 정해진 뒤에, 헌법을 어떻게 고치려고 하는지 국민에게 알리는 것부터 국민투표를 통해 확정된 헌법을 대통령이 발표하는 절차까지 헌법에 자세히 나와 있어요.

헌법을 바꾸는 건 국회와 국민이 모두 함께 결정해야만 가능한 일이에요. 이건 헌법이 아주 신중하게 다뤄져야 할 소중한 약속이라는 뜻이기도 해요.

이 장을 들여다보면서 생각해 보세요.

'헌법은 왜 이렇게 어렵고 복잡하게 바꾸도록 했을까?'

헌법은 국민 모두의 삶을 위한 약속이에요. 그만큼 바꾸려면 국민 모두의 목소리가 꼭 필요해요. 이제 헌법 제10장을 따라 써 보면서, '지금의 헌법을 바꾸려면 모두를 위한 깊은 고민이 필요하다.'라는 점을 떠올려 보아요.

제128조

① 헌법 개정은 국회재적의원 과반수 또는 대통령의 발의로 제안된다.

② 대통령의 임기연장 또는 중임변경을 위한 헌법 개정은 그 헌법 개정 제안 당시의 대통령에 대하여는 효력이 없다.

제129조

제안된 헌법개정안은 대통령이 20일 이상의 기간 이를 공고하여야 한다.

제130조

① 국회는 헌법개정안이 공고된 날로부터 60일 이내에 의결하여야 하며, 국회의 의결은 재적의원 3분의 2 이상의 찬성을 얻어야 한다.

제128조

제129조

제130조

② 헌법개정안은 국회가 의결한 후 30일 이내에 국민투표에 붙여 국회의원선거권자 과반수의 투표와 투표자 과반수의 찬성을 얻어야 한다.

③ 헌법개정안이 제2항의 찬성을 얻은 때에는 헌법 개정은 확정되며, 대통령은 즉시 이를 공포하여야 한다.

부칙

부칙

새 헌법이 자리를 잡도록 도와주는 징검다리

우리가 사는 세상에서는 갑자기 모든 게 바뀌면 큰 혼란이 생길 수 있어요. 예를 들어, 학교 규칙이 하루아침에 바뀌고 선생님도 모두 바뀐다면 어떨까요? 학생들은 어디로 가야 할지, 무엇을 해야 할지 몰라서 많이 당황할 거예요.

헌법도 마찬가지예요. 나라의 가장 큰 약속인 헌법이 바뀌게 되면, 그 변화에 차근차근 적응하도록 준비가 필요해요. 그래서 헌법 맨 끝에는 특별한 내용이 붙어 있는데, 그걸 '부칙'이라고 해요.

부칙은 새 헌법이 잘 작동하도록 도와주는 규칙이에요. 마치 옛길과 새로운 길을 부드럽게 이어 주는 징검다리 같아요. 헌법이 바뀌면 대통령이나 국회의원, 공무원이 일하는 방식도 달라질 수 있어요. 그런데 "지금부터 새 헌법이 생겨날 거예요." 하고 갑자기 모든 걸 바꿔 버리면 누가 대통령이 되는지, 선거는 언제 해야 하는지,

지금까지 있던 법은 계속 써도 되는지 등 수많은 질문과 혼란이 생기게 돼요. 이럴 때 부칙이 나서서 미리 정리해 줘요.

'대통령 선거는 언제 할 거예요.', '지금 있는 법은 당분간 계속 쓸 수 있어요.', '새로 생기는 기관이 자리 잡기 전까지는 기존 기관이 일을 맡을 거예요.' 같은 약속들이 담겨 있지요. 덕분에 나라는 갑자기 멈추지 않고, 안정적으로 새 헌법으로 넘어갈 수 있어요. 법이 끊기지 않고 이어지는 '법의 연속성'도 지킬 수 있고요.

헌법 부칙은 헌법이 실제로 작동하게 만들어 주는 숨은 주인공이에요. 나라가 흔들리지 않도록 조용히 중심을 잡아 주는 역할을 하죠. 그래서 헌법을 배울 때는 앞에 있는 조항들뿐 아니라, 맨 뒤에 있는 부칙도 꼭 눈여겨보아야 해요.

이제 헌법 부칙을 따라 써 보면서, '법이 바뀐다는 건 단순한 일이 아니구나.' '모두가 혼란 없이 함께 갈 수 있도록 준비하는 게 정말 중요하구나.' 하는 점을 곰곰이 되새겨 보아요.

제1조

이 헌법은 1988년 2월 25일부터 시행한다. 다만, 이 헌법을 시행하기 위하여 필요한 법률의 제정·개정과 이 헌법에 의한 대통령 및 국회의원의 선거 기타 이 헌법 시행에 관한 준비는 이 헌법 시행 전에 할 수 있다.

제2조

① 이 헌법에 의한 최초의 대통령 선거는 이 헌법 시행일 40일 전까지 실시한다.

② 이 헌법에 의한 최초의 대통령의 임기는 이 헌법 시행일로부터 개시한다.

제3조

① 이 헌법에 의한 최초의 국회의원선거는 이 헌법 공포일로부터 6월 이내에 실시하며, 이 헌법에 의하여 선출된

제1조

제2조

제3조

최초의 국회의원의 임기는 국회의원 선거 후 이 헌법에 의한 국회의 최초의 집회일로부터 개시한다.

② 이 헌법 공포 당시의 국회의원의 임기는 제1항에 의한 국회의 최초의 집회일 전일까지로 한다.

제4조

① 이 헌법 시행 당시의 공무원과 정부가 임명한 기업체의 임원은 이 헌법에 의하여 임명된 것으로 본다. 다만, 이 헌법에 의하여 선임 방법이나 임명권자가 변경된 공무원과 대법원장 및 감사원장은 이 헌법에 의하여 후임자가 선임될 때까지 그 직무를 행하며, 이 경우 전임자인 공무원의 임기는 후임자가 선임되는 전일까지로 한다.

② 이 헌법 시행 당시의 대법원장과 대법원 판사가 아닌 법관은 제1항 단서의 규정에 불구하고 이 헌법에 의하여 임명된 것으로 본다.

제4조

③ 이 헌법 중 공무원의 임기 또는 중임제한에 관한 규정은 이 헌법에 의하여 그 공무원이 최초로 선출 또는 임명된 때로부터 적용한다.

제5조

이 헌법 시행 당시의 법령과 조약은 이 헌법에 위배되지 아니하는 한 그 효력을 지속한다.

제6조

이 헌법 시행 당시에 이 헌법에 의하여 새로 설치될 기관의 권한에 속하는 직무를 행하고 있는 기관은 이 헌법에 의하여 새로운 기관이 설치될 때까지 존속하며 그 직무를 행한다.

제5조

제6조

부록

우리나라 헌법은 1948년 7월 17일에 공포된 첫 헌법을 시작으로 총 아홉 차례에 걸쳐 개정되었습니다. 대한민국 헌법이 어떻게 바뀌어 왔는지 함께 살펴봅시다.

대한민국 헌법 개정 역사

제헌 헌법	1948년 7월 17일	대한민국 정부 수립
1차 개헌	1952년 7월	대통령, 부통령 직선제, 국회 양원제
2차 개헌	1954년 11월	대통령 직선제, 이승만 3선 가능
3차 개헌	1960년 6월	국회에서 대통령 선출
4차 개헌	1960년 11월	반민주행위자 처벌 특별법 제정
5차 개헌	1962년 12월	대통령 1차 중임 허용
6차 개헌	1969년 10월	대통령 재임 3선 연장, 대통령 권한 강화
7차 개헌	1972년 12월	유신헌법, 대통령 간선제(임기 6년), 중임과 연임 제한 폐지
8차 개헌	1980년 10월	대통령 간선제(임기 7년), 유신헌법 일부 폐지
9차 개헌	1987년 10월	대통령 직선제(임기 5년), 국회 권한 강화

헌법은 입법부, 행정부, 그리고 국민이 참여해 개정합니다. 헌법은 어떤 절차를 통해 고칠 수 있는지 알아 둡시다.

헌법 개정 절차

단계	내용
개헌안 발의	국회 재적의원 과반수 또는 대통령이 발의
대통령 공고	대통령이 20일 이상 공고
국회 의결	공고된 날로부터 60일 이내 국회 재적의원 3분의 2 이상 찬성으로 의결
국민투표	국회 의결 뒤 30일 이내 국민투표 (국회의원 선거권자 과반수 투표와 투표자 과반수 찬성)
공포	대통령이 즉시 공포